TROIS

MESSÉNIENNES

NOUVELLES.

OUVRAGES DU MÊME AUTEUR.

~~~~~~~~~~~~~

L'ÉCOLE DES VIEILLARDS, comédie en cinq actes et en vers, 4e. *édition.* Prix : 5 fr. et 5 fr. 5o cent. par la poste.

VÊPRES SICILIENNES, tragédie en cinq actes; 3e *édition.* Prix.... 3 fr.

PARIA (LE), tragédie en cinq actes, 3e *édition.* .... 4 fr.

COMÉDIENS (LES), en cinq actes et en vers, 3e *édition.*................. 3 fr.

MESSÉNIENNES ET POÉSIES DIVERSES. 1 vol. in-18, huitième édition, ornée de quatre vignettes. Prix : 5 fr., et 5 fr. 5o cent. par la poste; grand-raisin vélin, figures avant la lettre, 10 fr.

TROIS MESSÉNIENNES, ou ÉLÉGIES sur les malheurs de la France. Cinquième édition. Prix : 2 fr., et 2 fr. 5o cent. par la poste.
Première Messénienne sur la bataille de Waterloo. *Seconde Messénienne* sur la dévastation des monumens français, et l'enlèvement des tableaux du Musée. *Troisième Messénienne* sur le besoin de s'unir après le départ des alliés. *Deux Messéniennes* sur la vie et la mort de Jeanne d'Arc. *Épître à MM. de l'Académie Française*, sur cette question : *L'Étude fait-elle le bonheur dans toutes les conditions de la vie?*

NOUVELLES MESSÉNIENNES. (Cinquième édition.) Prix : 2 fr., et 2 fr. 5o cent. par la poste.
Première Messénienne. Le jeune Diacre, ou la Grèce chrétienne. *Seconde Messénienne.* Parthénope et l'Étrangère. *Troisième Messénienne.* Aux ruines de la Grèce payenne.

POÉSIES DIVERSES, par le même Auteur. Brochure in-8o. Prix : 2 fr., et 2 fr. 5o cent. par la poste.

Nota. Ces poésies sont imprimées séparément, afin de compléter la collection in-8o. des œuvres de l'Auteur.

IMPRIMERIE ET FONDERIE DE J. PINARD,
RUE D'ANJOU-DAUPHINE, No. 8.

TROIS
MESSÉNIENNES
NOUVELLES,

PAR M. CASIMIR DELAVIGNE.

SECONDE ÉDITION.

PARIS,

LADVOCAT, LIBRAIRE, PALAIS-ROYAL,

GALERIE DE BOIS, N°. 195;

J.-N. BARBA, LIBRAIRE,

GALERIE DERRIÈRE LE THÉATRE-FRANÇAIS, N° 51.

———

MDCCCXXIV.

PREMIÈRE

MESSÉNIENNE.

PREMIÈRE

MESSÉNIENNE.

TYRTÉE AUX GRECS.

« Le soleil a paru : sa clarté menaçante
Du fer des boucliers jaillit en longs reflets.
Les guerriers sont debout, immobiles, muets ;
Ils pressent de leurs dents leur lèvre frémissante :
Tous, pleins d'un vague effroi qu'ils ont peine à cacher,
Attendent le péril sans pouvoir le chercher...

Moment d'un siècle! horrible attente!

Ah! quand donnera-t-on le signal de marcher?

Vieillard, garde ton rang... mais il court, il s'écrie :

« Le signal est donné de vaincre ou de mourir;

« Ma vie est mon seul bien, je l'offre à la patrie:

    « Liberté, je cours te l'offrir. »

Opprobre à tout guerrier dans la vigueur de l'âge,

Qui s'enfuit comme un lâche en spectacle au vainqueur,

Tandis que ce vieillard prodigue avec courage

Un reste de vieux sang qui réchauffait son cœur!

Sous les pieds des coursiers il se dresse, il présente

    Sa barbe blanchissante,

L'intrépide pâleur de son front irrité,

Tombe, expire, et le fer, qu'il voit sans épouvante,

    De sa bouche expirante

Arrache avec son âme un cri de liberté.

Liberté! Liberté! viens, reçois sa grande âme!

Devance nos coursiers sur tes ailes de flamme ;

Viens, Liberté, marchons. Aux vautours dévorans

Que nos corps, si tu veux, soient jetés en pâture :

Il est cent fois plus doux de rester dans tes rangs,

    Vaincu, mort et sans sépulture,

    Que de vaincre pour les tyrans.

      Gloire à nous ! gloire au courage !

      Gloire à nos vaillans efforts !

      A nous le champ du carnage !

      A nous les restes des morts !

      Rapportons dans nos murailles

      Ceux qu'au glaive des batailles

      Le dieu Mars avait promis :

      Citoyens, voilà vos frères !

      Ils ont pour lits funéraires

      Les drapeaux des ennemis.

Survivre à sa victoire, ô douce et noble vie !

Mourir victorieux, ô mort digne d'envie !

Il rentre sans blessure, et non pas sans lauriers,

    L'heureux vengeur de nos dieux domestiques.

Quels bras reconnaissans ont dressé ces portiques?

Que de fleurs sur ses pas! que d'emblêmes guerriers!

Le peuple, aux jeux publics où ce héros préside,

        Se lève devant son appui;

Le vieillard lui fait place, et la vierge timide

Le montre à sa compagne en murmurant : c'est lui!

Il rentre le vainqueur, mais porté sur ses armes.

Est-il pour son bûcher d'appareil assez beau?

    Pour le pleurer est-il assez de larmes?

Est-il marbre assez pur pour orner son tombeau?

Ses exploits sont chantés, sa mémoire est chérie;

Il monte au rang des dieux qu'adore la patrie.

Elle comble d'honneurs ses mânes triomphans,

Et son père, et ses fils, et sa famille entière,

        Et les enfans de ses enfans

        Dans leur postérité dernière. »

Debout, la lyre en main, à l'aspect des deux camps,
Ainsi chantait le vieux Tyrtée.

Pour la Grèce ressuscitée,
Que ne puis-je aujourd'hui ressusciter ses chants!
Je vous dirais, ô Grecs, ressemblez à vos pères:
Soyez libres comme eux, ou mourez en héros.

Jadis vous combattiez vos frères,
Et vous combattez vos bourreaux.

Ils viennent! Aux clartés dont la mer se colore
J'ai reconnu leurs pavillons.

Quel volcan a lancé ces épais tourbillons?
Dans l'ombre de la nuit quelle effroyable aurore!...
La dernière pour toi, que la flamme dévore,
Chio *, tu vois tomber tes pieux monumens.
Ils tombent ces palais que l'art en vain décore;
Et de ces bois en fleurs, où de tendres sermens

---

* La catastrophe de Chio eut lieu en 1822; l'incendie et le massacre se prolongèrent pendant les mois de mai et de juin.

Hier retentissaient encore,

Sortent de longs gémissemens.

Ouvrez les yeux, ô Grecs! ô Grecs, prêtez l'oreille ;

Vous verrez le tombeau, vous entendrez les cris

De tout un peuple qui s'éveille,

Poursuivi par le fer, la foudre et les débris.

Vous verrez une plage horrible, inhabitée,

Où, chassé par les feux vainqueurs de ses efforts,

Le flot qui se recule en roulant sur des morts,

Laisse une écume ensanglantée.

Vengez vos frères massacrés,

Vengez vos femmes expirantes ;

Les loups se sont désaltérés

Dans leurs entrailles palpitantes.

Vengez-les, vengez-vous!... Ténédos! Ténédos!

Deux esquifs à ta voix ont sillonné les flots :

Tels, vomis par ton sein sur la plaine azurée,

S'avançaient ces serpens hideux,

Se dressant, perçant l'air de leur langue acérée,

De leurs anneaux mouvans fouettant l'onde autour d'eux,

Quand la triste Ilion les vit sous ses murailles,

A leur triple victime attachés tous les deux,

La saisir, l'enlacer de leurs flexibles nœuds,

L'emprisonner dans leurs écailles.

Tels et plus terribles encor,

Ces deux esquifs de front fendent les mers profondes.

De vos rames battez les ondes ;

Allez, vers ce vaisseau cinglez d'un même essor.

L'incendie a glissé sous la carêne ardente ;

Il se dresse à la poupe, il siffle autour des flancs ;

De cordage en cordage il s'élance, il serpente,

Enveloppe les mâts de ses replis brûlans,

De sa langue de feu, qui s'allonge à leur cime,

Saisit leurs pavillons consumés dans les airs,

Et, pour la dévorer, embrassant la victime,

Avec ses mâts rompus, ses ponts, ses flancs ouverts,

Ses foudres, ses nochers engloutis par les mers,

    S'enfonce en grondant dans l'abîme*.

Ah! puisses-tu toujours triompher et punir !

Ce sont mes vœux, ô Grèce, et, devançant l'histoire,

Jadis l'heureux Tyrtée eût prédit ta victoire.

Alors c'était le tems cher à ton souvenir,

    Où les amans des filles de mémoire,

Comme dans le passé lisaient dans l'avenir.

Mais du jour qu'infidèle à ces vierges célestes,

Leur hommage adultère a cherché les tyrans ;

Du jour qu'ils ont changé leurs parures modestes

Contre quelques lambeaux de la pourpre des grands,

---

* Constantin Canaris, commandant des deux brûlots, rend ainsi compte de son expédition de Ténédos : J'arrivai en rade sous pavillon ottoman ; obligé de passer entre la terre et les vaisseaux turcs, je ne pus jeter mes grapins aux bossoirs de l'amiral ; alors je profitai du mouvement de la vague pour faire entrer mon beaupré dans un de ses sabords ; et dès qu'il fut ainsi engagé, j'y mis le feu en criant aux Turcs : *Vous voilà brûlés comme à Chio !* La terreur se répandit aussitôt parmi eux ; je descendis dans mon canot avec mes matelots, sans aucun danger, car l'ennemi ne tira pas même un coup de fusil.

    Pouqueville, *Histoire inédite de la restauration de la Grèce*, liv. viii.

Qu'ils ont d'un art divin profané les miracles,

En illustrant le vice, en consacrant l'erreur,

A leur bouche vénale Apollon en fureur

    A ravi le don des oracles.

Condamne-toi, ma muse, à de stériles vœux :

Mais refuse tes chants aux oppresseurs heureux.

Que de la vérité tes vers soient les esclaves ;

De ses chastes faveurs faisons nos seuls amours,

    Sans orgueil préférons toujours

Une pauvreté libre à de riches entraves ;

Et si quelque mortel justement respecté,

Entend frémir pour lui les cordes de ma lyre,

    O ma muse, qu'il puisse dire :

« S'il ne m'admirait pas, il ne m'eût pas chanté ! »

SECONDE

MESSÉNIENNE.

SECONDE

MESSÉNIENNE.

LE VOYAGEUR.

·-·-·-·-·-·

« Tu nous rends nos derniers signaux;

« Le long du bord le câble crie;

« L'ancre s'élève et sort des eaux;

« La voile s'ouvre; adieu, patrie!

« Des flots l'un par l'autre heurtés

« Je vois fuir les cîmes mouvantes,

« Comme les flocons argentés

« Des toisons sur nos monts errantes.

« Je vois se dérouler les nœuds

« Qui mesurent l'humide plaine,

« Et je vogue, averti par eux

« Que loin de toi le vent m'entraîne.

« Doux pays, bois sacrés, beaux lieux,

« Je pars, et pour toujours peut-être, »

Disait un Grec dans ses adieux

A Cypre qui l'avait vu naître ;

« Sur vos rives la Liberté,

« Ainsi que la gloire est proscrite ;

« Je pars, je les suis et je quitte

« Le beau ciel qu'elles ont quitté. »

Il chercha la Liberté sainte

D'Agrigente aux vallons d'Enna;

Sa flamme antique y semble éteinte,

Comme les flammes de l'Etna.

A Naple, il trouva son idole

Qui tremblait un glaive à la main;

Il vit Rome, et pas un Romain

Sur les débris du Capitole !

O Venise, il vit tes guerriers;

Mais ils ont perdu leur audace

Plus vîte que tes gondoliers

N'ont oublié les vers du Tasse.

N. Messéniennes, 2ᵉ édit.

Il chercha sous le ciel du Nord
Pour les Grecs un autre Alexandre.....
Ah! dit-il, le Phénix est mort,
Et ne renaît plus de sa cendre !

A Vienne, il apprit dans les rangs
Des oppresseurs de l'Ausonie,
Que le succès change en tyrans
Les vainqueurs de la tyrannie.

Il trouva les Anglais trop fiers;
Albion se dit magnanime ;
Des noirs elle a brisé les fers,
Et ce sont les blancs qu'elle opprime.

Il parcourt Londre, en y cherchant
Cet homme, l'effroi de la terre,

Dont la splendeur à son couchant
Pour tombeau choisit l'Angleterre.

Mais elle a craint ce prisonnier,
Et, reculant devant sa gloire,
A mis l'Océan tout entier
Entre un seul homme et la victoire.

Sur toi, Cadix, il vient pleurer :
Nos soldats couvraient ton rivage :
Il vient, maudissant leur courage ;
Il part, de peur de l'admirer.

Paris l'appelle ; au seuil d'un temple
Le Grec, dans nos murs arrêté,
Sur l'autel voit la Liberté...
Mais c'est un marbre qu'il contemple,

Semblable à ces dieux inconnus,
A ces images immortelles

Dont les formes sont encor belles,

Dont la divinité n'est plus.

Pour revoir son île chérie,

Il franchit les flots écumans,

Mais le courroux des Musulmans

Avait passé sur sa patrie.

Des débris en couvraient les bords,

Et de leur cendre amoncelée

Les vautours, prenant leur volée,

Emportaient les lambeaux des morts. *

Il dit, s'élançant dans l'abîme :

« Les peuples sont nés pour souffrir ;

« Noir Océan, prends ta victime,

« S'il faut être esclave ou mourir! »

---

* Cypre fut désolée par les Turcs au mois d'août 182 ·. Soixante bourgs ou villages avaient entièrement disparu au mois de septembre de la même année.

POUQUEVILLE, *Histoire inédite de la régénération de la Grèce*, liv. IX.

Ainsi l'Alcyon moins timide
Part et se croit libre en quittant
La rive où sa mère l'attend
Dans le nid qu'il a laissé vide.

Il voltige autour des palais,
Orgueil de la cité prochaine,
Et voit ses frères, qu'on enchaîne,
Se débattre dans des filets.

Il voit le rossignol, qui chante
Les amours et la liberté,
Puni par la captivité
Des doux sons de sa voix touchante.

De l'Olympe il voit l'aigle altier
Briser, pour sortir d'esclavage,
Son front royal et prisonnier
Contre les barreaux de sa cage.

Vers sa mère il revient tremblant,
Et l'appelle en vain sur la rive,
Où flotte le duvet sanglant
De quelque plume fugitive.

L'oiseau reconnaît ces débris;
Il suit le flot qui les emporte,
Rase l'onde en poussant des cris,
Plonge et meurt... où sa mère est morte.

TROISIÈME

MESSÉNIENNE.

TROISIÈME

MESSÉNIENNE.

A NAPOLÉON.

De lumière et d'obscurité,
De néant et de gloire étonnant assemblage,
Astre fatal aux rois comme à la liberté;
Au plus haut de ton cours porté par un orage,
Et par un orage emporté,

Toi, qui n'a rien connu dans ton sanglant passage
D'égal à ton bonheur que ton adversité;

Dieu mortel, sous tes pieds les monts courbant leurs têtes
    T'ouvraient un chemin triomphal,
Les élémens soumis attendaient ton signal :
D'une nuit pluvieuse écartant les tempêtes
    Pour éclairer tes fêtes,
Le soleil t'annonçait sur son char radieux;
L'Europe t'admirait dans une horreur profonde,
Et le son de ta voix, un signe de tes yeux
    Donnait une secousse au monde.

Ton souffle du chaos faisait sortir les lois;
Ton image insultait aux dépouilles des rois,
Et, debout sur l'airain de leurs foudres guerrières,
Entretenait le ciel du bruit de tes exploits.
Les cultes renaissans, étonnés d'être frères,
Sur leurs autels rivaux, qui fumaient à la fois,
    Pour toi confondaient leurs prières.

« Conservez, disaient-ils, le vainqueur du Tabor,

« Conservez le vainqueur du Tibre ; »

Que n'ont-ils pour ta gloire ajouté plus encor :

« Dieu juste, conservez le roi d'un peuple libre!

Tu régnerais encor si tu l'avais voulu.

Fils de la Liberté, tu détrônas ta mère.

Armé contre ses droits d'un pouvoir éphémère,

Tu croyais l'accabler, tu l'avais résolu;

    Mais le tombeau creusé pour elle

Dévore tôt ou tard le monarque absolu :

Un tyran tombe ou meurt; seule elle est immortelle.

Justice, droits, sermens, peux-tu rien respecter ?

D'un antique lien périsse la mémoire!

L'Espagne est notre sœur de dangers et de gloire;

Tu la veux pour esclave, et n'osant ajouter

A ta double couronne un nouveau diadême,

Sur son trône conquis ton orgueil veut jeter

    Un simulacre de toi-même.

Mais non, tu l'espérais en vain.

Ses prélats, ses guerriers l'un l'autre s'excitèrent,

Les croyances du peuple à leur voix s'exaltèrent.

Quels signes précurseurs d'un désastre prochain!

Le béfroi, qu'ébranlait une invisible main,

S'éveillait de lui-même et sonnait les alarmes;

Les images des preux s'agitaient sous leurs armes;

On avait vu des pleurs mouiller leurs yeux d'airain :

On avait vu le sang du Sauveur de la terre

Des flancs du marbre ému sortir à longs ruisseaux;

Les morts erraient dans l'ombre, et ces cris : guerre! guerre!

S'élevaient du fond des tombeaux.

Une nuit, c'était l'heure où les songes funèbres

Apportent aux vivans les leçons du cercueil;

Où le second Brutus vit son génie en deuil

Se dresser devant lui dans l'horreur des ténèbres;

Où Richard, tourmenté d'un sommeil sans repos,

Vit les mânes vengeurs de sa famille entière,

Rangés autour de ses drapeaux,
Le maudire et crier : voilà ta nuit dernière !

Napoléon veillait, seul et silencieux :
La fatigue inclinait cette tête puissante
Sur la carte immobile où s'attachaient ses yeux ;
Trois guerrières, trois sœurs parurent sous sa tente.

Pauvre et sans ornemens, belle de ses hauts faits,
La première semblait une vierge romaine
    Dont le ciel a bruni les traits.
    Le front ceint d'un rameau de chêne,
Elle appuyait son bras sur un drapeau français.
Il rappelait un jour d'éternelle mémoire ;
Trois couleurs rayonnaient sur ses lambeaux sacrés
Par la foudre noircis, poudreux et déchirés,
    Mais déchirés par la victoire.

« Je t'ai connu soldat ; salut : te voilà roi.
  « De Marengo la terrible journée

« Dans tes fastes, dit-elle, a pris place après moi ;

  « Salut ; je suis sa sœur aînée.

  « Je te guidais au premier rang ;

« Je protégeai ta course et dictai la parole

» Qui ranima des tiens le courage expirant,

  « Lorsque la Mort te vit si grand ,

« Qu'elle te respecta sous les foudres d'Arcole.

« Tu changeas mon drapeau contre un sceptre d'airain :

« Tremble, je vois pâlir ton étoile éclipsée.

« La force est sans appui, du jour qu'elle est sans frein.

« Adieu, ton règne expire et ta gloire est passée. »

La seconde unissait aux palmes des déserts

  Les dépouilles d'Alexandrie.

Les feux dont le soleil inonde sa patrie ,

De ses brûlans regards allumaient les éclairs.

  Sa main, par la conquête armée,

Dégoûtante du sang des descendans d'Omar,

Tenait le glaive de César
Et le compas de Ptolémée.

« Je t'ai connu banni, salut, te voilà roi.

 « Du mont Tabor la brillante journée,

« Dans tes fastes, dit-elle, a pris place après moi ;

 « Salut ! je suis sa sœur aînée.

 « Je te dois l'éclat immortel

« Du nom que je reçus au pied des Pyramides.

 « J'ai vu les turbans d'Ismaël

« Foulés au bord du Nil par tes coursiers rapides.

« Les arts sous ton égide avaient placé leurs fils,

« Quand des restes muets de Thèbe et de Memphis

 « Ils interrogeaient la poussière,

« Et, si tu t'égarais dans ton vol glorieux,

« C'était comme l'aiglon qui se perd dans les cieux

 « C'était pour chercher la lumière.

« Tu voulus l'étouffer sous ton sceptre d'airain :

« Tremble ; je vois pâlir ton étoile éclipsée.

« La force est sans appui, du jour qu'elle est sans frein.

« Adieu ! ton règne expire et ta gloire est passée. »

La dernière... ô pitié, ces fers chargeaient ses bras !

L'œil baissé vers la terre où chacun de ses pas

       Laissait une empreinte sanglante,

       Elle s'avançait chancelante

En murmurant ces mots : MEURT ET NE SE REND PAS.

Loin d'elle les trésors qui parent la Conquête,

       Et l'appareil des drapeaux prisonniers !

       Mais des cyprès, beaux comme des lauriers,

De leur sombre couronne environnaient sa tête.

« Tu ne me connaîtras qu'en cessant d'être roi.

       « Écoute et tremble : aucune autre journée

« Dans tes fastes jamais n'aura place après moi,

       « Et je n'eus point de sœur aînée.

« De vaillance et de deuil souvenir désastreux,

« J'affranchirai les rois que ton bras tient en laisse.

« Et je transporterai la chaîne qui les blesse

    « Aux peuples qui vaincront pour eux.

« Les siècles douteront, en lisant ton histoire,

    « Si tes vieux compagnons de gloire,

« Si ces débris vivans de tant d'exploits divers,

« Se sont plus illustrés par trente ans de victoire,

    « Que par un seul jour de revers.

« Je chasserai du ciel ton étoile éclipsée;

« Je briserai ton glaive et ton sceptre d'airain :

« La force est sans appui, du jour qu'elle est sans frein.

« Adieu ! ton règne expire et ta gloire est passée. »

Toutes trois vers le ciel avaient repris l'essor,

Et le guerrier surpris les écoutait encor :

Leur souvenir pesait sur son ame oppressée ;

    Mais aux roulemens du tambour,

Cette image bientôt sortit de sa pensée,

Comme l'ombre des nuits se dissipe effacée

    Par les premiers rayons du jour.

Il crut avoir dompté les enfans de Pélage.

Entraîné de nouveau par ce char vagabond

Qui portait en tous lieux la guerre et l'esclavage,

Passant sur son empire, il le franchit d'un bond,

Et tout fumans encor, ses coursiers hors d'haleine,

Que les feux du midi naguère avaient lassés,

De la Bérésina, qui coulait sous sa chaîne,

    Buvaient déjà les flots glacés.

Il dormait sur la foi de son astre infidèle,

Trompé par ces flatteurs dont la voix criminelle

    L'avait mal conseillé.

Il rêvait, en tombant, l'empire de la terre,

Et ne rouvrit les yeux qu'aux éclats du tonnerre;

    Où s'est-il réveillé?...

Seul et sur un rocher d'où sa vie importune

Troublait encor les rois d'une terreur commune,

Du fond de son exil encor présent partout,

Grand comme son malheur, détrôné, mais debout

    Sur les débris de sa fortune.

Laissant l'Europe vide et la victoire en deuil,

Ainsi, de faute en faute et d'orage en orage,

Il est venu mourir sur un dernier écueil,

    Où sa grandeur a fait naufrage.

La vaste mer murmure autour de son cercueil.

Une île t'a reçu sans couronne et sans vie,

Toi, qu'un empire immense eut peine à contenir,

Sous la tombe, où s'éteint ton royal avenir,

Descend avec toi seul toute une dynastie.

Et le pêcheur le soir s'y repose en chemin ;

Reprenant ses filets qu'avec peine il soulève,

Il s'éloigne à pas lents, songe à la cendre, et rêve...

    A ses travaux du lendemain.

LIBRAIRIE DE LADVOCAT,

AU PALAIS-ROYAL, GALERIE DE BOIS, N° 195.

EXTRAIT DU CATALOGUE GENERAL.

SOUSCRIPTIONS.

CHEFS - D'OEUVRE DES THÉA-TRES ÉTRANGERS, Allemand, Anglais, Chinois, Danois, Espagnol, Hollandais, Indien, Italien, Polonais, Portugais, Russe, Suédois, traduits en français par MM. AIGNAN, ANDRIEUX, membres de l'académie française; le baron DE BARANTE, BERR, BERTRAND, CAMPENON, membre de l'académ. franç.; BENJAMIN CONSTANT, CHATELAIN, COHEN, A. DENIS, F. DENIS, ESMÉNARD, GUIZARD, GUIZOT, LABEAUMELLE, LEBRUN, MALTE-BRUN, MENNECHET, lecteur du roi; MERVILLE, Charles NODIER, PICHOT, Abel RÉMUSAT, membre de l'institut; Ch. DE RÉMUSAT, le comte DE SAINT-AULAIRE, le comte Alexis DE SAINT-PRIEST, Jules SALADIN, le baron DE STAEL, TROGNON, VILLEMAIN, membre de l'académie française; VINCENS DE SAINT-LAURENT, VISCONTI, formant 25 vol. in-8° de plus de 500 pages.

Le prix de chaque volume est de 6 fr. papier ordinaire, et 15 fr. le grand papier vélin satiné. La collection entière est publiée.

SHAKSPEARE (OEUVRES COMPLÈTES DE) traduites de l'anglais par F. GUIZOT et le traducteur de lord Byron, et ornées d'un beau portrait; précédées d'une notice biographique sur Shakespeare, par F. Guizot. 13 vol. in-8° de 550 pages chacun.

Prix: 6 fr. le vol., papier satiné, et 15 fr. grand papier raisin vélin.

SCHILLER (OEUVRES DRAMATIQUES DE), traduites de l'allemand, et précédées d'une notice biographique sur Schiller, par M. de BARANTE, pair de France, ornées d'un beau portrait.

6 vol. Prix: 36 fr. papier fin satiné, et 90 fr. grand raisin vélin.
Nota. Les 6 vol. ont paru.

LORD BYRON (OEUVRES COMPLÈTES DE), quatrième édition, entièrement revue et corrigée par A. Pichot, précédée d'une notice sur Lord Byron, par Charles Nodier. 6 vol. in-8° ornés de 27 vignettes. (Ils ont paru.)

Chaque volume, composé de 500 pages, coûte 9 fr. papier superfin satiné aux souscripteurs.

Cinquante exemplaires seulement sont tirés sur grand-raisin vélin satiné, et coûtent 25 fr. le volume, fig. avant la lettre, et épreuves eau-forte.

MILLEVOYE (OEUVRES COMPLÈTES et OEUVRES INÉDITES DE)). Dédiées au Roi. 6 vol. in-18, ornés de six vignettes. (Ils ont tous paru.) Prix: 22 fr.

BIBLIOTHÉQUE ÉTRANGÈRE, ANCIENNE ET MODERNE, DE POLITIQUE ET DE LITTÉRATURE, ou choix et extraits d'ouvrages remarquables et curieux, traduits de diverses langues, avec des notes et des remarques; par M. AIGNAN, membre de l'institut (académie française). 3 vol. in-8°. Prix: 21 fr. et 26 fr. par la poste.

MÉMOIRES POUR SERVIR A L'HISTOIRE DE LA RÉVOLUTION FRANÇAISE, par LOMBARD DE LANGRES, ancien ambassadeur de la république française en Hollande, membre de la cour de cassation sous le directoire; pour faire suite à la *Collection des Mémoires sur la révolution française*, 2 volumes in-8°. Le prospectus, auquel on a joint la table des matières, pourra faire connaître combien ces Mémoires sont intéressans. Prix, 12 fr., et 15 fr. par la poste.

Nous nous contenterons seulement de citer les titres des six *livres* qui composent ces curieux et piquans Mémoires : LIVRE I, LA TERREUR. LIVRE II, LE DIRECTOIRE. LIVRE III, LE CONSULAT. LIVRE IV, L'AMBASSADE. LIVRE V, OBJETS DIVERS. LIVRE VI, LA RESTAURATION.

Les Mémoires de Lombard de Langres, et ceux de l'abbé Morellet, ne peuvent entrer, puisqu'ils sont la propriété de l'éditeur, dans la collection des *Mémoires sur la révolution*, publiée par MM. Baudouin frères ; ils sont cependant destinés à la compléter ; et, comme ils sont indispensables aux souscripteurs de celle-ci, ils ont été imprimés dans le même format et avec les mêmes caractères.

MÉMOIRES INÉDITS DE L'ABBÉ MORELLET, de l'Académie française, sur le XVIIIᵉ siècle et sur la Révolution française; précédés de l'Éloge de l'abbé MORELLET, par M. LÉMONTEY, membre de l'Institut (Académie française). Deuxième édition, 2 forts volumes in-8°. Prix : 13 fr., et 16 fr. par la poste.

LETTRES INÉDITES DE L'ABBÉ MORELLET, à M. le comte R******, ministre des finances à Naples, sur l'histoire littéraire et politique, pendant les années 1806 et 1807. 1 vol. in-8°. Prix : 3 fr., et 3 fr. 50 c. par la poste.

Cette correspondance, que nous publions séparément, se trouve dans la seconde édition des Mémoires de l'abbé Morellet; elle complète la première édition de ces précieux matériaux de notre histoire politique et littéraire; elle est la continuation naturelle de ces Mémoires.

LES HERMITES EN PRISON, par E. JOUY et A. JAY, pour faire suite aux *Observations sur les mœurs et usages français au commencement du dix-neuvième siècle*, par E. JOUY, membre de l'Institut; cinquième édition, ornée du portrait des auteurs, de deux gravures et six vignettes, imprimée comme la collection des *Ermites de la Chaussée-d'Antin, de la Guyane*, etc., dont elle est le complément indispensable aux acquéreurs de ces livres; 2 vol. in-12. Prix : 8 fr., et 9 fr. 50 c. par la poste. Papier vélin, 15 fr.

DISCOURS ET MÉLANGES LITTÉRAIRES, par VILLEMAIN, de l'Académie française; troisième édition. 1 fort volume in-8°, imprimé par Firmin Didot, et orné de huit jolis portraits dessinés par Devéria, et gravés par MM. Le Comte, Fauchery, Massol, Lefèvre jeune. Prix : 9 fr., papier satiné, et 20 fr., grand raisin vélin satiné, figures avant la lettre, tirées sur papier de Chine.

Ce volume est sans contredit l'ouvrage le plus remarquable de cet auteur, distingué comme historien, comme orateur et comme critique; il a obtenu tous les genres de succès. Admis dans toutes les bibliothèques publiques, il a encore été donné en prix aux concours, par tous les proviseurs des collèges de Paris.

DISCOURS ET MÉLANGES LITTÉRAIRES, par VILLEMAIN, de l'Académie française; 2 jolis vol. in-18, imprimés chez Firmin Didot, et ornés des portraits de *Montaigne*, de *Montesquieu*, de *Fénélon*, de *Pascal*, de *Milton*, de *Bossuet*, de *Fontanes*, et du dernier *duc de Richelieu*. Deuxième édition, revue et augmentée considérablement. Prix : papier fin, 9 fr., et 18 fr. papier vélin, avec les portraits avant la lettre.

TABLEAU DE LA LITTÉRATURE AU DIX-HUITIÈME SIÈCLE, par M. DE BARANTE, pair de France. 1 joli volume in-18, imprimé sur papier superfin. Prix : 3 fr., et 3 fr. 50 c. par la poste.

Cet ouvrage, qui fut traduit dans plusieurs langues, se distingue surtout par l'élégance avec laquelle il est écrit. Il n'est personne qui ne soit curieux de le comparer au tableau de CHÉNIER, dont il est le complément nécessaire.

L'ÉCOLIER, ou RAOUL ET VICTOR, par Mᵐᵉ GUIZOT (née Pauline de Meulan), auteur des Enfans, conte. 4 vol. in-12, ornés de seize gravures. Prix : 14 fr., et 16 fr. par la poste.

Cet ouvrage a récemment remporté le prix à l'académie comme étant l'ouvrage littéraire, publié en 1822, qui renfermât le plus de morale, et qui fût le plus propre à l'éducation de la jeunesse.

ÉLISA RIWERS, ou LA FAVORITE DE LA NATURE, traduit de l'anglais. 5 vol. in-12. Prix : 12 fr., et 14 fr. par la poste.

Ce roman est, en Angleterre, à sa sixième édition.

ÉTUDES MORALES, POLITIQUES ET LITTÉRAIRES, ou RECHERCHES DES VÉRITÉS PAR LES FAITS, par M. VALERY, conservateur des bibliothéques particulières du roi. 1 vol. in-8°, imprimé sur papier fin satiné. Prix : 6 fr., et 7 fr. 5o c. par la poste.

NADIR, Lettres orientales. 1 volume in-12, 3 fr. et 3 fr. 5o cent. par la poste.

Parmi les ouvrages romantiques qui ont paru à la fin de 1823, celui-ci a tenu une place distinguée ; le mérite du style n'a pas peu contribué à son succès, tous les journaux se sont empressés d'en rendre un compte favorable.

TRILBY, ou LE LUTIN D'ARGAIL, nouvelle écossaise, pa. Charles Nobier, deuxième édition, 1 vol. in-12, 3 fr., et 3 fr. 5o cent. par la poste.

Ce roman, de M. NODIER, est surtout remarquable par le charme du style. La première édition a été épuisée en moins de huit jours.

CONTES MYTHOLOGIQUES, par madame Sophie P****, ornés de 2 vignettes. 2ᵉ édition, 6 fr.

Cet ouvrage est imprimé avec beaucoup de soin. C'est un excellent livre d'éducation

CONTES D'UN PHILOSOPHE GREC, par M. BAOUR-LORMIAN. 2 vol. in-12, 5 fr., et 6 fr. par la poste.

Tous ceux qui connaissent les beaux vers du traducteur du Tasse, voudront connaître sa prose : elle n'est pas moins brillante.

LA BATRACHOMYOMACHIE, ou LE COMBAT DES RATS ET DES GRENOUILLES, traduits en français par Jules BERGER. 1 joli volume in-18, orné d'un beau portrait d'Homère. Cet ouvrage qui a été dédié au duc de Chartres (fils du duc d'Orléans), n'a été tiré qu'à 5oo exemplaires. Il est imprimé sur grand raisin vélin, avec le plus grand soin, et destiné à compléter toutes les éditions d'Homère.

Prix : 2 fr., et 2 fr. 25 c. par la poste.

MÉMOIRES DE M. LE GÉNÉRAL HUGO sur les guerres de la révolution. 3 vol. in-8°. Prix, 18 fr

Le premier volume concerne les *guerres de la Vendée* et la seconde invasion du *royaume de Naples ;* le second et le troisième, la guerre d'Espagne depuis l'année 1809 jusqu'en 1814.

Les circonstances présentes ajoutent un nouvel intérêt à la publication des Mémoires d'un officier général qui a rempli avec une haute distinction les fonctions éminentes de *gouverneur de province et d'aide-major-général des armées françaises* en Espagne sous le gouvernement du roi Joseph Napoléon.

Le prospectus de ces Mémoires se trouve chez l'éditeur. La table des matières peut donner une idée de tout l'intérêt qui règne dans cet ouvrage important.

POÈMES ET OPUSCULES en vers et en prose, par M. Campence, de l'académie française. Nouvelle édition revue et corrigée. 2 forts volumes in-18, imprimés sur grand raisin fin satiné, ornés de 4 vignettes, dessinées par MM. Isabey, Ducis et Picot, et gravées par Godefroy. Prix : papier raisin fin satiné, 9 fr. les deux volumes ; 10 fr. par la poste, et 20 fr. papier raisin vélin fin satiné, figures avant la lettre, tirées sur papier de Chine, avec les épreuves eau-forte.

Nota. Ces deux volumes contiennent non seulement les poëmes de l'Enfant prodigue, la Maison des champs, un grand nombre de poésies déjà publiées, mais encore plusieurs charmantes élégies qui ont beaucoup contribué au succès que ces poésies obtiennent.

COLLECTION DE MÉMOIRES DES MARÉCHAUX DE FRANCE et DES GÉNÉRAUX FRANÇAIS, pour servir à l'histoire politique et militaire de France sous la république et l'empire ; faisant suite aux *Mémoires sur la révolution française.*

Possesseur de matériaux importans, l'éditeur vient de mettre sous presse le Prospectus détaillé de cette précieuse collection, qui doit nécessairement jeter un grand jour sur les événemens qui se sont succédés depuis trente ans.

COLLECTION DE TRÈS-JOLIES VIGNETTES POUR LES OEUVRES COMPLÈTES ET INÉDITES DE MILLEVOYE, dessinées par M. A. Devéria, auquel on doit les plus jolis dessins qui aient été faits, tels que ceux de la belle édition du Rabelais, dont les premières livraisons paraissent. Cette collection se compose de six vignettes qui ont paru ensemble le 15 décembre. Elles seront gravées par MM. *Toni* et *Alfred* Johanneau, Caron, Guiard, Koenig, et distribuées dans l'ordre de la souscription suivante, et *d'après les numéros d'inscription.*

1. Prix, sur un huitième de papier grand-raisin superfin vélin. (*Il en sera tiré cinq cents exemplaires*)................ 10 fr.
2. Sur un huitième de jésus superfin, épreuves avant la lettre sur *papier de Chine.* (*Il en sera tiré cinquante exemplaires.*). 18 fr.
3. Les eaux-fortes sur même papier.................... 20 fr.
4. Sur un quart de jésus vélin superfin, épreuves sur *papier de Chine, avant toutes lettres.* (*Il en sera tiré vingt-cinq exemplaires.*). 30 fr.

Nota. Les prix augmenteront d'un quart aussitôt que la livraison sera en vente. On peut voir des épreuves de toutes les vignettes chez l'éditeur.

OEUVRES COMPLÈTES DE LORD BYRON; cinquième édition, entièrement revue et corrigée par A. P...T.; précédée d'une Notice sur Lord Byron, par Charles Nodier. 13 volumes in-12, imprimés comme la collection de Walter Scott, publiée sous ce format, par M. Charles Gosselin.

Prix : 32 fr., et 40 fr. par la poste.

Il manquait en librairie une édition complète de Lord Byron, dont le prix modique permît aux cabinets de lecture et aux bibliothèques des maisons de campagne d'en faire l'acquisition. Cette édition remplit toutes les conditions nécessaires : elle est (avec notre belle édition ornée de vignettes) la plus complète et la plus commode.

Cette édition est ornée d'un portrait de Byron, extrêmement ressemblant, et brochée avec des couvertures imprimées.

LE TEMPLE DE GNIDE, 1 vol. in-folio, sur nom de Jésus vélin superfin, tiré à 125 exemplaires, avec sept vignettes en relief, gravées par Thompson, d'après les dessins de MM. Laffitte et Devéria; imprimé par J. Pinard, rue d'Anjou-Dauphine, n° 8, avec des caractères nouveaux de sa fonderie. Cet ouvrage paraîtra incessamment.

EXTRAIT DU CATALOGUE

DES LIVRES DE FONDS QUI SE TROUVENT

CHEZ J.-N. BARBA, LIBRAIRE,

PALAIS-ROYAL, N° 51, DERRIÈRE LE THÉATRE-FRANÇAIS.

OEUVRES COMPLÈTES DE M. Alex. DUVAL, membre de l'Institut (Académie française), 9 gros volumes in-8°, avec des notices sur chaque pièce, ornés du portrait de l'auteur; belle édition, imprimée par MM. Firmin Didot. Prix : 63 fr.

Le mérite du *Théâtre* de M. Alexandre Duval est universellement apprécié, et c'est uniquement à la réputation dont il jouit, que le libraire doit le succès de son entreprise. Quel empressement plus vif encore n'aurait-elle pas excité, si les souscripteurs avaient pu prévoir que les notices qui sont attachées à chacune des pièces qui le composent, et qui sont si remarquables d'ailleurs sous le rappore littéraire comme un double monument de modestie et de goût, présentaient, sous le rapport historique, l'intérêt le plus vif qu'on puisse chercher dans des mémoires contemporains? Soit qu'elles aient été séparées d'un ouvrage de ce genre que l'auteur a renoncé à publier, soit que les développemens qui les enrichissent aient abondé sous sa plume facile et naturelle à l'instant même où il croyait ne composer qu'une préface, elles sont devenues un véritable livre qui aurait offert à M. Alexandre Duval l'expectative certaine d'une double réputation et d'un double succès, s'il avait voulu les isoler de son *Théâtre*. Contemporain des plus grands événemens qui aient occupé le monde, ami de la plupart des hommes éminens qui ont fixé, pendant trente ans d'agitations, de malheurs et de gloire, les faveurs de la renommée, son esprit judicieux et son caractère moral le rendaient également capable de bien voir et de bien apprécier les personnes et les choses. Sans se conformer en tout à la manière de sentir de M. Alexandre Duval, on ne peut lui contester un grand désintéressement de position et une grande constance de principes, c'est-à-dire les qualités premières de l'homme qui écrit l'histoire. Nous avons insisté sur cette partie de notre édition, parce que l'autre n'a pas besoin d'être recommandée. Nous ajouterons seulement que le neuvième volume renferme *trois* ouvrages *en cinq actes*, reçus avec enthousiasme à la Comédie-Française, lus à l'Institut en séance extraordinaire, et défendus par la censure. *Aucune de ces pièces n'a été ni ne sera vendue séparément.*

Nota. Les personnes qui ont souscrit, sont priées de retirer les volumes qui leur manquent, d'ici au 1er juin 1824.

OEUVRES COMPLÈTES DE M. PIGAULT-LEBRUN, nouvelle et belle édition, imprimée par Firmin Didot, très-beau papier, ornée du portrait de l'auteur; 20 vol. in-8°.

Lorsque depuis dix ans tous les romanciers anglais et allemands jouissent d'une vogue qui ressemble à la démence, il est peut-être assez national de penser que le premier de nos romanciers modernes, le piquant et spirituel auteur d'*Angélique et Jeanneton*, des *Barons de Felsheim*, de M. *Botte*, de l'*Enfant du Carnaval*, et de vingt autres ouvrages qui caractérisent un observateur spirituel et profond, obtiendrait enfin les honneurs d'une édition de ses œuvres, qui permette aux amateurs de les placer, dans leur bibliothèque, entre Lesage et Fielding. Cette entreprise était commandée par la reconnaissance et par l'esprit national, au libraire qui, depuis vingt-six ans, a peine à satisfaire aux désirs du public, pour les ouvrages de M. Pigault-Lebrun. Un nombre très-considérable d'éditions de chacun de ses romans a tellement consacré la réputation et le mérite de cet auteur, qu'un recueil complet de ses œuvres peut être aujourd'hui considéré comme une collection classique dans son genre.

Cette édition paraît par livraisons de deux volumes de près de 600 pages, et coûte 8 francs aux souscripteurs. Quatorze volumes ont déjà paru. Tous les deux mois il en paraîtra une livraison de deux volumes.

Paris, le 1er janvier 1824.

OEUVRES DE P. B. PICARD, membre de l'Institut (Académie Française), nouvelle édition, imprimée avec soin, par MM. Firmin Didot, sur beau papier satiné, et ornée d'un nouveau portrait de l'auteur. 10 vol. in-8° de 500 pages. Prix : 70 fr.

Il a été tiré un petit nombre d'exemplaires des tomes 7 et 8 du *Théâtre de Picard*, pour compléter la première édition qui est en 6 vol. Prix : 14 fr. les 2 vol. ; papier vélin, le double.

Il est inutile d'ajouter à ce que les journaux ont écrit du mérite matériel de cette édition. Quant au mérite de l'auteur, sa réputation classique et européenne dispense de tous les éloges. On sait d'ailleurs qu'il n'est point d'auteur dramatique vivant, dont le théâtre mérite une place plus distinguée dans la bibliothèque des gens de goût.

Nota. Les personnes qui ont souscrit sont priées de retirer les volumes qui leur manquent, au 1er juin 1824.

HISTOIRE DE FRANCE ABRÉGÉE CRITIQUE ET PHILOSOPHIQUE, à l'usage des gens du monde ; par PIGAULT-LEBRUN. Avec cette épigraphe : *La vérité, toute la vérité, rien que la vérité.* 6 volumes in-8°. Prix : 7 fr. le vol.; chez J.-N. BARBA, libraire, éditeur-propriétaire des œuvres de MM. PIGAULT-LEBRUN, PICARD et ALEXANDRE DUVAL, Palais-Royal, derrière le Théâtre-Français, n° 51.

Le libraire Barba a mis en vente le second volume de l'*Histoire de France* de M. Pigault-Lebrun, qui contient toute la seconde race. Ce volume et le précédent, forment déjà un corps d'ouvrage qui présente au lecteur la partie la plus voilée, jusqu'ici, de notre histoire. M. Pigault a tenté, avec succès, d'éclaircir des faits et même des doutes qui ne paraissent plus devoir l'être.

Ce second volume présente beaucoup moins de discussions que le premier, et cela est tout simple : à mesure que nous avançons dans notre histoire, l'esprit de système et de parti perd de sa force par l'impossibilité de déguiser des vérités qui sont connues de tous les gens érudits. Cependant, M. Pigault a trouvé encore des erreurs à relever chez les historiens de seconde race. Je n'en citerai qu'un exemple.

Tous, sans exception, font, de Charles II, le successeur immédiat de Louis-le-Débonnaire, et le qualifient de roi de France. Ils n'ont pas réfléchi, dit M. Pigault, que la France, proprement dite, se composait des états de Clovis, qui comprenaient la Neustrie, l'Austrasie, l'Aquitaine et la Bourgogne. Aucun des princes qui possédaient ces royaumes ne pouvait prendre le titre de roi de France, et ce ne fut qu'à la fin de la seconde race qu'on qualifia la Neustrie de ce nom, usage qui s'est fortifié et maintenu jusqu'à nos jours. Charles II n'était donc que roi de Neustrie, et Lothaire, fils aîné de Louis-le-Débonnaire, succéda réellement à son père, parce qu'il posséda plus de la moitié de l'empire de Charlemagne.

On peut juger, d'après cela, de l'étendue, et de l'importance du travail et des recherches auxquels s'est livré M. Pigault. Mais l'exactitude n'est pas le seul avantage qu'offre ce second volume. Il est écrit avec cette clarté, cette chaleur, cette élégance, qui, depuis long-tems, distinguent cet écrivain. Les faits présentés isolément et sèchement par ses devanciers, ont pris, sous sa plume, une liaison et un intérêt qui n'étonnent pas, mais qui font le plus grand honneur à son talent.

Il est à désirer que M. Pigault ne nous fasse pas attendre long-tems la suite d'un ouvrage qu'il a si heureusement commencé.

PROMENADE DE DIEPPE AUX MONTAGNES D'ECOSSE, par M. Charles NODIER. Un joli volume in-12, imprimé par Firmin Didot, sur très-beau papier, orné de trois vignettes, par ISABEY ; de deux planches de plantes, par M. BORY DE SAINT-VINCENT ; d'une carte itinéraire de M. CAILLEUX, et du portrait d'un chef de Clan. Prix : 7 fr.

Ce très-joli volume, orné d'une excellente carte et de charmans dessins, a obtenu le plus grand succès auquel l'auteur d'un voyage puisse aspirer hors de son pays. Traduit deux fois en anglais, il est usuel, même en Angleterre, pour les curieux qui font des excursions de plaisir pendant la belle saison dans les montagnes d'Ecosse ; et l'excellente *Revue d'Edimbourg*, si connue par sa piquante causticité, a tempéré cette fois ses critiques ordinaires par les plus brillans éloges. Sous le rapport typographique, la librairie parisienne elle-même se signale rarement par des productions aussi élégantes. Celle-ci est digne des bibliothèques de luxe, et le nom de son auteur la recommande aux amateurs du bon style et des nobles sentimens.

LIGUE DES NOBLES ET DES PRÊTRES contre les peuples et les rois, depuis le commencement de l'ère chrétienne jusqu'à nos jours, ou Tableau des conspirations, révolutions, détrônemens, actes arbitraires, jugemens iniques, violations de lois, etc., etc., dont les privilégiés se sont rendus coupables ; ouvrage où l'on trouvera des détails intéressans et des considérations nouvelles sur le pouvoir absolu des Druides ; la conduite séditieuse des évêques anglais Wilfrid, Dunstan, Langton et Thomas de Cantorbéry ; le massacre de la Sainte-Brice ; l'exil du Cid ; la donation de l'Angleterre au pape ; la querelle des investitures ; l'union d'Aragon ; la fondation de la liberté helvétique ; le serment de révolte de Castille ; Cola Rienzi, restaurateur de la liberté romaine ; la persécution des lollards et des réformés ; le soulèvement des copyholders ; la ligue et la fronde ; la mort du czarowitz Alexis ; les révolutions de Danemarck, de France et d'Espagne, etc., etc. Par M. Paul de P...., 2 vol. in-8°. Prix : 10 fr.

Cet ouvrage, extrait des Annales de l'Europe, pourrait s'appeler le *Citateur historique*.

La censure n'en a pas permis l'annonce ni l'analyse. Cet ouvrage se recommande par le soin que l'auteur a mis dans le choix des matériaux.

LES DÉLATEURS, poème en trois chants, par Emmanuel DUPATY, 3e édition. Prix : 3 fr.

L'ART POÉTIQUE DES DEMOISELLES ET DES JEUNES GENS, ou Lettres à Isaure sur la poésie, par Emmanuel DUPATY. 1 gros vol. in-12, orné de cinq fig. Prix : 5 fr.

LE SOLDAT LABOUREUR, par L. J. DUMERSAN, auteur de plusieurs jolis vaudevilles, *les Cuisinières, les Bonnes d'enfans*, etc., 3 vol. in-12, fig. Prix : 7 fr. 50 c. La simplicité de mœurs du brave Francœur est aussi touchante sous le toit maternel, que son courage a été remarquable pendant vingt-cinq ans dans le champ d'honneur.

ALMANACH DES SPECTACLES POUR L'AN 1824, troisième année, contenant une notice sur les principaux théâtres de Paris, depuis le commencement du 19e siècle ; l'histoire de l'origine et de l'établissement de chacun d'eux qui existent aujourd'hui ; personnel, répertoire, pièces nouvelles, débuts, etc., etc.; principaux théâtres de France et de l'étranger ; jardins et établissemens

iv

publics de tout genre ; prix des places, etc. Un fort volume in-12. Prix : 3 fr.

LE CUISINIER ROYAL, onzième édition , par MM. VIARD et FOURET. Un gros vol. in-8°, orné de figures pour le service des tables , depuis douze jusqu'à cent couverts. Prix : 7 fr. 50 c.

Onze éditions à grand nombre prouvent le succès mérité de ce livre. C'est le meilleur manuel de cuisine qui existe , sans en excepter aucun.

LE CUISINIER ANGLAIS , traduit en français , avec le titre de chaque recette en français et en anglais ; contenant, outre les articles qui concernent la cuisine française , la manière de faire toutes sortes de puddings, dumplings, pâtés , gâteaux , conserves , marinades , catsups , sauces , et vins de fruits , *faisant suite au Cuisinier Royal.* 3 fr.

ROMANS DE M. PIGAULT-LEBRUN, formant 73 volumes in-12. Prix : 150 fr. les ouvrages suivans :

L'ENFANT DU CARNAVAL , 3 vol. nouv. fig.

LES BARONS DE FELSHEIM . 4 vol. nouv. fig.

ANGÉLIQUE ET JEANNETON , 2 vol. fig.

MON ONCLE THOMAS , 4 vol. fig.

CENT VINGT JOURS , contenant : Théodore , ou les Péruviens ; M. de Kinglin ; Métusko, ou les Polonais ; Adèle et Dabligny , 4 vol. fig. Chacun de ces ouvrages se vend séparément.

LA FOLIE ESPAGNOLE , 4 vol. fig.

M. BOTTE , 4 vol. fig.

LE CITATEUR , 2 vol.

JÉROME , 4 vol.

THÉATRE ET POÉSIES , 6 vol.

LA FAMILLE DE LUCEVAL 4 vol. fig.

L'HOMME A PROJETS , 4 vol.

M. DE ROBERVILLE , 4 vol.

UNE MACÉDOINE , 4 vol.

TABLEAUX DE SOCIÉTÉ , 4 vol. Portrait de l'Auteur.

ADÉLAIDE DE MÉRAN , 4 vol.

MÉLANGES critiques et littéraires , 2 vol.

LE GARÇON SANS-SOUCI , 2 vol. fig.

L'OFFICIEUX , ou les Présens de Noces , 2 vol. fig.

L'ÉGOISME , ou Nous le sommes tous , 2 vol.

M. MARTIN , ou l'Observateur, 2 v.

LE BEAU-PÈRE ET LE GENDRE , 2 vol.

Il est utile de lire les ouvrages de ce célèbre romancier dans l'ordre ci-dessus désigné, parce qu'on y suivra les événemens de notre révolution , l'auteur ayant presque toujours pris ses héros parmi les hommes du jour où il écrivait.

IMPRIMERIE ET FONDERIE DE J. PINARD, RUE D'ANJOU-DAUPHINE , N° 8.

33

www.ingramcontent.com/pod-product-compliance
Lightning Source LLC
LaVergne TN
LVHW052151080426
835511LV00009B/1786